Miss Reed

Urdu translation by Qamar Zamani

First published 1988 by André Deutsch Ltd.,
105-106 Great Russell Street, London WC1B 3LJ
Copyright © Jennie Ingham Associates Ltd. 1988

Urdu translation by Qamar Zamani
Urdu translation checked by Farmanullah Khan Kashif

ISBN 0 233 98238 8

Printed in Great Britain by Cambus Litho, East Kilbride, Scotland

STORYTELLERS

ANDRE DEUTSCH

The Obstinate Hodja

ضدّی ہوجّہ

Told by Kemal Eşref Sakarya
Illustrated by Lynette Hemmant
Editor: Jennie Ingham

André Deutsch with Jennie Ingham Associates Ltd.

One morning, while Nasreddin Hodja and his wife were still sound asleep in bed, their donkey set up a loud braying in the stable. The din woke Hodja up.

The animal was braying because he was hungry, and Hodja was determined to make his wife get up and feed him.

He poked his wife and said, ''Wake up, dear. The donkey is braying. Go and feed him, will you.''

ایک صبح جب نصرالدین ہوجّہ اور اس کی بیوی بستر میں گہری نیند سوئے ہوئے تھے ان کے گدھے نے اصطبل میں زور زور سے رینکنا شروع کر دیا۔ اس ہنگامے نے ہوجّہ کو جگا دیا۔

گدھا بھوکا تھا اس لئے رینک رہا تھا۔ اور ہوجّہ نے طے کیا ہوا تھا کہ اس کی بیوی اُٹھے اور گدھے کو چارہ دے۔

اس نے اپنی بیوی کو ٹھوکا لگایا اور کہا۔ "اٹھو میری پیاری بیوی۔ گدھا رینک رہا ہے ذرا اس کو کھانا دے دو۔"

His wife, only half awake, replied, ''No, dear. It's your turn,'' and she pulled the quilt up over her head.

But Hodja would not give up: ''Wake up, dear. The poor animal wants his breakfast. He won't stop braying until you feed him.''

Hodja's wife answered, without lifting her head from the pillow: ''Don't be obstinate, husband. Go and feed the donkey. You know it's your turn today.''

Hodja said, ''You are wrong, dear. It was me, not you, who fed the creature yesterday. Come on. Get up.''

اس کی بیوی ابھی نیند میں تھی۔ اس نے کہا "نہیں پیارے شوہر۔ آج تمہاری باری ہے۔" اور اس نے رضائی کھینچ کر اپنا چہرہ ڈھک لیا۔

لیکن ہوجہ ہار ماننے والا نہیں تھا۔ "اٹھ بھی جاؤ بیگم۔ بیچارا جانور اپنا ناشتہ مانگ رہا ہے۔ جب تک تم اس کو کھانے کو نہیں دو گی وہ رینکتا ہی رہے گا۔"

ہوجہ کی بیوی نے تکیے سے سر اٹھائے بغیر جواب دیا۔ "بس اب ضد مت کرو۔ سرتاج۔ جاؤ اور گدھے کو چارہ ڈال دو۔ تم جانتے ہو آج تمہاری باری ہے۔"

ہوجہ نے کہا "نہیں پیاری بیگم۔ تم غلط کہہ رہی ہو۔ کل جس نے اس جانور کو کھانا دیا وہ تم نہیں۔ میں تھا۔ چلو۔ چلو۔ اب اٹھ جاؤ۔"

Hodja's wife knew that her husband was determined to make her feed the animal, but she was just as determined that she would not.

ہوجہ کی بیوی جانتی تھی کہ اس کا شوہر اس پر تُلا ہوا ہے کہ اُسے ہی گدھے کو چارہ دینے پر مجبور کرے۔ لیکن وہ بھی اَڑ گئی تھی کہ ایسا نہیں کرے گی۔

She sat up in bed beside him defiantly, and said. "No, dear, no! It's your turn to feed the donkey. Wasn't this our agreement? Didn't we agree that we would take it in turns to feed the animal? It's your turn today."

Hodja was unmoved. "It can't be true, dear. You are making a mistake."

Before he could finish speaking, Hodja's wife interrupted him and said, "In fact it is you who are wrong. Now, stop being obstinate. Go and feed the poor beast."

وہ بستر پر اس کے برابر اکڑ کر بیٹھ گئی اور بولی "نہیں پیارے شوہر نہیں۔ گدھے کو کھانا دینے کی تمہاری باری ہے۔ کیا ہمارا یہ سمجھوتہ نہیں تھا ؟ کیا ہم نے یہ طے نہیں کیا تھا کہ ہم باری باری جانور کو کھانا دیں گے ؟ آج یہ کام تمہارا ہے۔"

ہوجّہ پر کوئی اثر نہیں ہوا۔ "یہ سچ نہیں ہو سکتا۔ تم یقیناً غلطی کر رہی ہو۔"

اس کی بیوی نے ہوجّہ کی بات بیچ میں ہی اُچک لی اور بولی "دراصل تم غلطی پر ہو۔ بس اب ضد چھوڑو اور بیچارے جانور کو کھانا دو۔"

It was no use. Hodja had made up his mind – whatever the cost, he would get his wife to feed the donkey.

Then Hodja realised how he could get his own way.

Turning to his wife, with a broad smile on his face, he said, ''My dear wife, I think I have the very solution to our problem. As soon as I have completed my explanation, the first person to utter one single word will go and feed the animal. Agreed?''

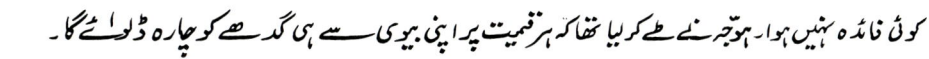

کوئی فائدہ نہیں ہوا۔ ہوجّہ نے طے کر لیا تھا کہ ہر قیمت پر اپنی بیوی سے ہی گدھے کو چارہ ڈلوائے گا۔

پھر ہوجّہ کو اپنی بات منوانے کی ترکیب سوجھ گئی۔

اپنے چہرے پر مسکراہٹ نمودار کرتے ہوئے وہ اپنی بیوی کی طرف مڑا اور بولا۔ "میری عزیز بیگم۔ میرا خیال ہے مجھے اس مسئلہ کا حل معلوم ہو گیا ہے۔ جیسے ہی میں تمہیں یہ تفصیل بتانا ختم کردوں گا اس کے بعد ہم میں سے جو بھی پہلے اپنے منہ سے کوئی لفظ نکالے گا وہی جاکر جانور کو کھانا دے گا۔ تم راضی ہونا؟"

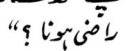

''I agree,'' said his wife reluctantly, and, pursing her lips, she sat upright in bed next to her husband.

During the next couple of hours neither Hodja nor his wife said anything.

Now, you should know that Hodja's wife liked nothing better than a good gossip. She knew that she would lose the bet if she stayed put.

"ہاں میں راضی ہوں ۔" بیوی نے ہچکچاہٹ کے ساتھ کہا۔ پھر اپنے ہونٹ سختی سے بند کر کے وہ ہوجّہ کے برابر ہی بستر پر بیٹھ گئی۔

اگلے دو گھنٹوں میں نہ ہوجّہ اور نہ اس کی بیوی دونوں میں سے کوئی بھی نہیں بولا۔

اب یہ تو تم جانتے ہی ہو کہ ہوجّہ کی بیوی کو گپّیں مارنے سے زیادہ اور کچھ پسند نہیں تھا۔ یہ بھی اس کو معلوم تھا کہ اگر وہ کچھ دیر اور یہاں رُکی تو ضرور شرط ہار جائے گی۔

So she got up, glided quietly out of the room, and went to visit their next-door neighbours.

There she sat, talking nineteen to the dozen, while Hodja stayed in his bed, as still as a stone.

لہٰذا وہ اٹھی اور دبے پاؤں کمرے سے نکل گئی۔ اور سیدھی پڑوسن کے گھر پہونچی۔

وہاں پہونچ کر اس کی زبان قینچی کی طرح چل رہی تھی۔ جبکہ ہوجّہ اپنے کمرے میں بستر پر بیٹھا تھا۔ پتھر کی طرح خاموش۔

Villagers often called upon Hodja to ask for help and advice, and this day was no exception. But, as you've already guessed, Hodja would neither talk to them nor answer their questions.

گاؤں والے اکثر ہوجّہ سے رائے مشورہ لینے آتے تھے ۔ حسبِ معمول آج بھی وہ اسی لئے آئے لیکن جیسا کہ تم سمجھ گئے ہوگے ہوجّہ نے نہ کوئی بات کی اور نہ ہی کسی کے سوال کا جواب دیا ۔

The villagers tried to think of a way to make Hodja talk. The next thing he knew, one by one they carried away the chairs, the table, the wardrobe and every last stick of furniture that was in the bedroom.

Of course, Hodja couldn't say anything to stop them, or he would lose his bet!

گاؤں والے ایسی کوئی ترکیب سوچ رہے تھے جس کے ذریعہ ہوجّہ سے زبردستی بات کروائی جائے۔ اگلے ہی لمحے ہوجّہ کے دیکھتے دیکھتے وہ لوگ کرسیاں اٹھا کر لے گئے۔ پھر میز اور الماری۔ فرنیچر کے نام کی جو بھی چیز اس کمرے میں تھی اب جا چکی تھی۔

ظاہر ہے ہوجّہ ان کو روکنے کے لئے کچھ کہہ نہیں سکتا تھا۔ ورنہ وہ اپنی شرط ہار جاتا۔

At last, in desperation, they took the very night-cap off his head.

Hodja said not a word.

Towards noon, Hodja's wife sent the neighbour's daughter with a bowl of soup for her husband. Should Hodja say anything, the little girl was to repeat it to her.

آخر کار تنگ آکر انہوں نے اس کا رات کا پہننے کا کنٹوپ بھی اتار لیا اور اسے لے گئے۔

ہوجّہ ایک لفظ بھی نہیں بولا۔

دوپہر کے قریب ہوجّہ کی بیوی نے اپنی پڑوسن کی لڑکی کے ہاتھ ہوجّہ کے لئے ایک شوربے کا پیالہ بھیجا۔ اور کہا کہ اگر ہوجّہ کوئی بات کرے تو وہ آکر ہوجّہ کی بیوی کے سامنے وہ بات ضرور دہرائے۔

The child went into Hodja's room and asked him where she should put the bowl of soup.

Hodja pointed to every corner of the room and then to his own bare head, as if to explain to her that all the furniture, and even his nightcap, had been taken away.

But, from Hodja's mime, the little girl understood this: "Walk right around the room and then come and pour the soup over my head."

بچی ہوجّہ کے کمرے میں گئی اور اس سے پوچھا کہ شوربے کا پیالہ کہاں رکھا ہے۔

ہوجّہ نے کمرے میں چاروں طرف اشارہ کیا اور پھر اپنے خالی سر کی طرف انگلی کی جیسے یہ بتانا چاہ رہا ہو کہ اس کے کمرے کا سارا سامان یہاں تک کہ اس کا کنٹوپ بھی چلا گیا ہے۔

لیکن ہوجّہ کی اس خاموش گفتگو سے بچی یہ سمجھی "کمرے میں چاروں طرف چکر لگاؤ اور پھر شوربے کا پیالہ میرے سر پہ انڈیل دو۔"

That was what she did.

Hodja suffered in silence.

بچی نے بالکل ایسا ہی کیا۔

ہوجّہ چپ چاپ سہتا رہا۔

Naturally, the child was frightened when she saw what she had done and her uncle Hodja sitting stock still and silent as the grave.

So she ran back home.

ظاہر ہے بچی خوفزدہ ہوگئی جب اس کو یہ اندازہ ہوا کہ اس نے کیا کر دیا ہے۔ اور یہ کہ اس کے باوجود اس کا چچا بت کی طرح بے حرکت۔ گم سم بیٹھا ہے۔

لہٰذا وہ گھر واپس بھاگ گئی۔

Hodja's wife was waiting impatiently to see what had happened. She asked the girl, "Has your uncle Hodja said anything, dear?"

The girl shook her head this way and that way and said, "No, auntie. He said nothing."

Anxiously, Hodja's wife asked, "Did he drink the soup? Did he thank you?"

"No, auntie. He didn't drink any of the soup. He just signalled to me to walk all around the room and then pour the soup over his head! So that's what I did!"

ہوجّہ کی بیوی بے چینی سے انتظار کر رہی تھی تاکہ معلوم ہو کہ کیا ہوا۔ اس نے بچی سے پوچھا۔
”کیا تمہارے چچا ہوجّہ نے تم سے کچھ کہا ؟“

لڑکی نے اپنا سر نفی میں ہلایا اور کہنے لگی ”نہیں چچی۔ انہوں نے کچھ بھی نہیں کہا“

ہوجّہ کی بیوی نے پریشان ہو کر پوچھا ”کیا انہوں نے شوربہ پیا تھا ؟ اور تمہارا شکریہ ادا کیا ؟“

”نہیں چچی۔ انہوں نے تو ذرا سا شوربہ بھی نہیں پیا۔ انہوں نے مجھے اشارہ کیا کہ میں کمرے میں چاروں طرف چکر لگا کر شوربہ ان کے سر پر انڈیل دوں۔ میں نے بالکل ایسا ہی کیا !“

Hodja’s wife screamed, ‘‘Merciful Heavens! You have scalded my husband!’’ and she ran home as fast as her legs would carry her.

ہوجّہ کی بیوی چیخ پڑی کہ ”خدا اپنا رحم کرے! تو نے تو میرے شوہر کو جلا دیا“ اور وہ سرپٹ گھر کی طرف بھاگی۔

Her husband was still sitting up in bed, just as she had left him.

He did look a sight! There was soup in his hair, in his beard, and dripping off the end of his nose.

As she tried to wipe his face clean, the poor woman cried, ''I'm so sorry for what the girl did to you!''

اس کا شوہر ابھی تک بستر میں بیٹھا تھا۔ بالکل جس طرح
وہ اسے چھوڑ کر گئی تھی۔

وہ عجب مضحکہ خیز لگ رہا تھا! شوربہ اس کے بالوں
سے، اس کی داڑھی سے اور اس کی ناک کے سرے
سے ٹپک رہا تھا۔

اس کے چہرے کو صاف کرتے ہوئے بیچاری عورت چیخی۔
"مجھے بہت افسوس ہے کہ لڑکی نے تمہارا یہ حشر کر دیا!"

At this Hodja smiled a satisfied smile, and a look of triumph spread across his face.

He said, ''Go and feed the donkey. You have lost the bet.''

اس پر ہوجہ نہایت اطمینان سے مسکرایا اور اس کے چہرے پر کامیابی کی لہر دوڑ گئی۔

وہ بولا۔ "جاؤ۔ گدھے کو چارہ ڈالو۔ تم اپنی شرط ہار چکی ہو۔"

HODJA GLOSSARY

hodja   a teacher, or any wise person. Turkish children will address their teacher as ''Hodja'', but it is also a title given to anyone who is considered wise and to whom people will go for advice.